EXTRAIT

la Revue d'Egypte et d'Orient

Juillet 1906

LE CAS ÉTRANGE

DE

MOHAMMED EL BISS

Par

G. LEGRAIN

ALEXANDRIE

IMPRIMERIE GÉNÉRALE A. MOURÈS & Cie, RUE DU TÉLÉGRAPHE

1906

LE CAS ÉTRANGE

DE

MOHAMMED EL BISS

J'ai passé quatorze ans dans la Haute-Egypte sans m'apercevoir que le totémisme y survit encore. Ma consolation est que je crois être le premier qui en ait soupçonné l'existence après bien des siècles écoulés et l'ait constatée d'une façon certaine. Ce sont les résultats de mon enquête que je donne ici.

On sait que le *totem* est un végétal ou un animal considéré dans certaines tribus sauvages, particulièrement dans l'Amérique du Nord et en Polynésie, comme l'ancêtre de la race et honoré comme tel. Les membres de la tribu du Loup, par exemple, vénèreront le loup parce que, jadis, un loup ou un dieu ayant pris la forme d'un loup donna naissance au fondateur de la tribu des Loups. Les habitants des bords du bassin de la Méditerranée eurent semblables croyances jadis. Le grand Zeus, lui-même, ne prit-il pas, la forme d'un cygne pour, grâce à Léda, devenir père de Castor et de Pollux? Ovide, en ses Métamorphoses, ne chante que merveilles de ce genre et ne résume, en somme, que ce que les écrivains antérieurs et les légendes populaires proclamaient sur les dieux changés en bêtes et parfois en hommes, la forme bestiale la plus parfaite, d'après les hommes, qu'ils aient modelée. Les dieux, sous cette apparence, se rendaient plus accessibles aux mortels et surtout aux mortelles et, parfois même, comme ce bouc dont nous parle Hérodote, devenaient plus que familiers, ce qu'on considérait comme grande merveille. Il est peu de héros, en Grèce, qui ne doivent leur naissance à une intervention divine et Hécatée faisait sourire les prêtres thébains lorsque, ne pouvant remonter bien loin dans sa série d'ascendants, il campait le fécond Jupiter pour son dixième aïeul. Hérodote ajoute que, depuis des milliers d'années, au dire des prêtres, les dieux ne s'étaient pas montrés en Egypte ; ce en quoi on le trompait manifestement puisque les bas-reliefs de Deir-el-Bahari et de Louqsor nous montrent le Dieu Amon lui-même, soit avec Ahmasi soit avec Maoutemoua procréant Hatshopsouïtou ou bien Amenothès III. Olympias ne racontera-t-elle, pas plus tard, que Philippe de Macédoine avait été remplacé par le dieu lors de la conception d'Alexandre-le-Grand ?

De nos jours encore, beaucoup de femmes arabes prétendent avoir conçu tout en rêvant d'un loup, d'un crocodile ou de tout autre animal et, pour cette raison, donnent un surnom bestial à leur enfant.

Parfois, le dieu est moins entreprenant et consent à prendre une forme vulgaire, tangible, pour vivre avec les humains. Amon entrera volontiers dans le corps d'un bouc ou d'un jars, Apis dans celui d'un taureau, Thot dans celui d'un ibis ou d'un cynocéphale, Horus dans celui d'un épervier, Sebek, enfin, se montre à nous sous la forme d'un crocodile, tandis que la plupart des déesses se transforment en lionnes ou en chattes. Tous les animaux, en somme, deviennent supports de dieux pourvu que leur forme agrée à la divinité et qu'ils présentent les caractères requis et les marques distinctives. Tous les taureaux n'étaient pas des Apis et tous les béliers n'étaient pas des Amons. Il fallait que les prêtres eussent reconnu dans l'animal proposé les stigmates divins et, par leurs conjurations subséquentes, fait descendre dans le futur dieu une parcelle de la divinité, parcelle, dit le pseudo Plutarque, que les Egyptiens voyaient reluire dans la bête consacrée comme le soleil reluit dans une goutte d'eau. Ceci fait, selon sa destinée et sa fortune, l'animal demeurait dans le temple ou bien, dieu plus familier, habitait avec les humbles mortels, partageant leur vie et les mettant en crainte lorsqu'il était ou grognon ou malade et leur faisant prendre le deuil lorsque, mourant, il ne lui restait plus qu'à attendre les derniers honneurs de l'embaumement et de la sépulture.

Les auteurs grecs et latins que de telles coutumes ahurirent quelque peu, nous ont laissé à ce sujet d'amples détails que je ne puis rassembler ici aujourd'hui.

Le christianisme, puis l'islamisme, semblaient avoir extirpé entièrement ce culte des animaux, ces relations étroites qui unissaient jadis les dieux, l'homme et la bête. Ce qui est peut-être vrai en apparence ne l'est pas en fait. Car, au moins dans le Saïd, à l'exception des scorpions et des serpents, les fellahs ne tueront volontiers aucun animal, fût-il vermine et, le plus souvent même, s'éloigneront du serpent qu'ils considèreront volontiers comme un génie domestique. Le crapaud, le gecko et le *seb'li* ou lézard bosquien, n'ont rien à craindre de personne, d'autant plus, d'ailleurs, que ce dernier, le *seb'li* « garde la clef qui doit ouvrir à certains la porte du Paradis » *(sic)*.

Hérodote et Diodore nous ont conté quel culte les chats recevaient jadis chez les anciens Egyptiens. Ils étaient les dieux domestiques par excellence et Plutarque s'inquiétait déjà de leurs grands yeux énigmatiques et de leurs prunelles qui, dit-il, varient de dimensions selon les phases de la lune. De nos jours, le chat joue encore un rôle important dans les croyances des Thébains modernes qu'ils soient coptes ou musulmans, car la croyance que nous allons rapporter est plus ancienne que les deux religions et elle est commune à tous les habitants.

A Louqsor, comme à Karnak, à Gournah, à Qouft, à Kéneh, etc. (et dans le Soudan, d'après ce que j'ai appris de S.E. Fakry Pacha), il existe un certain nombre d'individus des deux sexes auxquels on donne le surnom de *biss* ou de *bissa* (بس بسة), surnom qu'ils transmettent à leurs descendants chez lesquels il finit par devenir sobriquet patronymique.

Ainsi le petit Mohammed abd el Hal est appelé communément Mohammed *el Biss* ou *el Biss* tout court, ce dont, d'ailleurs, Mohammed abd el Hal tire une certaine vanité puérile.

D'autre part, les Arabes désignent dans leur patois par *biss* le chat sauvage, celui qui rôde la nuit et vole dans les cuisines désertes, l'être quelque peu effrayant qui, dans ses bonds épeurés, fait tinter ou tomber les casseroles, et, finalement, passe en un trait noir par la fenêtre ouverte.

Cet animal ne doit pas être confondu avec le *qout* ou chat domestique qui ne fait pas grand chose sauf d'être le souffre-douleur des marmots. Le principal désagrément des fonctions que remplit celui-ci dans la Haute-Egypte est de se voir arracher les griffes pour éviter qu'il n'éborgne ou aveugle les petits enfants qui grouillent dans la maison où il vit.

On est en droit de se demander, comme je le fis moi-même, quels rapports peuvent exister entre Mohammed abd el Hal el Biss et un chat sauvage. J'avoue que lorsque je m'en enquis, ceux desquels je m'en informai crurent tout d'abord à une plaisanterie de ma part, croyant que, en Europe, nous avions aussi des enfants *biss* et *bissa* et comme je convins n'en point connaître, j'appris ce qui suit :

Mohammed abd el Hal el Biss (et tous ceux qui sont biss ou bissa comme lui) n'a pas une âme (روح *roub'*) d'homme, mais une âme de chat sauvage, une âme de *biss* en un mot.

La conséquence de ce fait, incontesté ici, est que, si, d'aventure, quand Mohammed abd el Hal est endormi, son âme de chat éprouve une fringale nocturne, sente soit une odeur de poisson, de rat ou de cuisine quelconque, ce qui, pour une âme, même pour une âme de chat, me semble assez inattendu, son âme, dis-je, ne pensera à rien moins qu'à abandonner le corps humain qu'elle anime. Elle s'évadera pour entrer dans un corps factice de chat sauvage, de *biss*, puisqu'il faut l'appeler par son nom, non pas pour courir la prétentaine et miauler dans la nuit, mais pour aller voler où elle le pourra ce qui pourra assouvir sa faim ou sa gourmandise. Et le matin venu, quand le corps de Mohammed abd el Hal, qui pendant tout ce temps, était demeuré inerte et sans souffle sur le carreau, sera rentré en possession de son âme vagabonde, Mohammed abd el Hal se rappellera, en se réveillant, ce que son *biss* a fait pendant la nuit, et ceci expliquera bien des vols que la police aurait été impuissante à expliquer autrement.

Comme la qualité de *biss* ne dure en général que pendant l'adolescence, on en garde de bons souvenirs et une laitière toute ridée de Louqsor, une *bissa* chenue comme la vieille Heaulmière, regrette le temps lointain où son âme de chat allait si gaillardement rôder dans les cuisines des alentours. D'autres, comme Ermanios et Fehmy Youssef, les fils de Youssef Makarios, ancien *sarraf* de Karnak — on voit que nous précisons — racontent, maintenant qu'ils sont grands, à qui veut les entendre et croire, les bons tours qu'ils faisaient jadis quand leur *biss* allait régulièrement voler chaque nuit le poisson et la viande chez ce pauvre Shenouda Makarios qui, à cette époque, était, en même temps que fort économe (et peut-être davantage), agent consulaire de France et d'Autriche-Hongrie à Louqsor.

Il n'est pas nécessaire ni utile de douter de tout ceci ; ces deux notables sont gens vivants et bien vivants, dignes de foi et leur déposition devant un tribunal serait parfaitement valable. C'est ce qui me fut répondu quand j'osai élever quelques doutes sur la véracité de ce qu'on m'apprenait. Sur ce, je me tins coi et m'en trouvai bien.

Ermanios et Fehmy Yousef ajoutent, à l'appui de leurs dires, tout comme Mohammed abd el Hal, que, après que leurs âmes étaient rentrées dans leur corps humain, ils racontaient eux-mêmes, et cela très volontiers, ce qu'ils avaient fait durant la nuit, précisaient le larcin que le pauvre Shenouda, tout geignant, vérifiait bientôt après.

Jusqu'ici, la situation nocturne du *biss* n'aurait rien de désagréable pour un amateur, et le pôvre Villon aurait été, je pense, bien enchanté de l'être. Mais n'est pas *biss* qui veut. Cette qualité ne s'acquiert ni par concours ni par intrigue, ni par argent : on est *biss* de naissance. Une femme vient-elle à mettre au monde deux ou plusieurs enfants jumeaux que un et parfois tous les nouveaux nés sont *biss* et transmettent cette qualité à leurs descendants mâles et femelles, ce qui propage la race peu à peu pour la plus grande gloire des noctambules. Les *biss* qui sont malingres reçoivent, par surcroît, le surnom du lézard *sebli* qui devient, lui aussi, patronymique.

Je n'ai pas à approfondir le rôle que le chat et le lézard ont bien pu jouer, en un certain moment, pour donner à ces jumeaux leur singulière qualité.

On dit que toute médaille a son revers : la fonction de *biss* a aussi ses ennuis et ses dangers. Imaginez que quelque étranger ou quelque ignorant peu au courant des habitudes et des forfaits nocturnes des *biss*, ou bien que Shenouda Makarios, voulant mettre fin aux rapines d'Ermanios et de Fehmy Yousef, (ce qu'il se garda bien de faire, le brave homme !), s'embusque dans un coin, armé d'un fusil, d'un pistolet ou d'un solide nabout et chasse et atteigne le chat maraudeur. Ermanios Fehmy, Mohammed abd el Hal ou tout autre propriétaire du *biss* n'aura alors qu'à faire sa dernière prière, car le corps humain abandonné par son âme de chat ressentira coup pour coup ceux que le corps du chat recevra, alors, et si le chat est tué, le corps humain mourra aussi. Que voulez-vous qu'un corps fasse pour se défendre quand l'âme est partie en chasse ? c'est déjà presque un cadavre. La petite Roueïa Mahmoud, de la nagga el Focani, fut trouvée morte un matin, il y a peu de mois de cela : elle était *bissa* et cela abrégea ses jours.

Un *biss* n'est pas trop encombrant dans une famille, mais la situation devient plus embarrassante quand on en possède deux ou trois à la fois. Le riche Ishak Abadir de Keneh a deux enfants jumeaux et *biss* et le révérend indigène de la mission américaine de Louqsor se trouve dans le même cas. Laissez les âmes de ces jumeaux vagabonder pendant la nuit : il leur arrivera assurément malheur. Les chats comme les hommes, se battent fraternellement entre eux et les fils d'Ishak ou du révérend n'y manqueront pas, et l'un deux finira par tuer l'autre et « dévorer son cœur » (sic). Le plus prudent est de mettre chaque enfant dans une chambre séparée, fermée à clef : c'est ce que font les pères de ces intéressants jumeaux. Cette mesure, jusqu'aujourd'hui, a préservé leurs existences aléatoires.

J'en étais là de mon enquête — enquête fort sérieuse, car je n'invente rien, ne fais que calquer en français ce qu'on m'a dit en arabe et me garderais bien de changer même le nom d'une personne — quand, tout bien considéré, je fis remarquer à mes bailleurs de renseignements que, quant à moi, j'étais très aise de n'être pas *biss*, tout d'abord parce que je n'avais pas de frère jumeau dont je ne saurais que faire, mais, surtout, parce que la situation, quelque noctambule et aventureuse qu'elle fût, manquait de garanties et de sécurité, et que, étant *biss*, je ne pourrais dormir tranquille.

Je croyais avoir réduit mes gens au silence : il n'en fut rien et j'appris que, pour l'homme averti, il n'est pas difficile de distinguer un chat *biss* d'un chat *qout*. Le premier a la queue coupée comme mon petit fox terrier (sic). D'autre part, l'enfant *biss* jouit d'une immunité que certains pourraient lui envier : quiconque bat l'enfant blesse le *biss* ou le fait mourir aussitôt et, en revanche, meurt à son tour. Aussi se garde-t-on bien de châtier les *biss*, ce qui leur permet de développer tout à leur aise leurs instincts enfantins qui, hélas ! ne sont pas toujours des meilleurs.

Comme tout passe en ce bas monde, et que certains parents ne désirent pas lancer leurs enfants dans la carrière de *biss*, on a cherché et, naturellement, on a trouvé des drogues et des régimes propres à faire disparaître cette qualité. Malgré tous mes efforts je n'ai pu connaître en quoi consistent les médicaments, mais en revanche, je sais quel est le régime à suivre : il est fort simple et, cela va sans dire, fort efficace. L'enfant qu'on veut empêcher d'être *biss* doit se nourrir pendant deux ou trois mois de lait de chamelle, mais, ajoute la vieille laitière de Louqsor, il faut agir quand l'enfant est petit, « avant que son âme de chat n'ait encore les yeux ouverts », sans quoi on demeure, comme elle, *bissa* jusqu'à la fin de ses jours, ce qui, soit dit en passant, soulève une question théologique fort grave au moins au point de vue chrétien : un *biss* est-il un homme et dans ce cas peut-il être sauvé ou bien n'est-il qu'une bête, de par son âme ? Je me garderais bien de trancher la question.

Tout ceci, j'en conviens, paraîtra peu croyable à d'aucuns : Je n'ai pas, hélas, l'esprit assez inventif pour trouver des choses aussi bizarres, aussi bizarres, en somme, que cette fable de la *Chatte métamorphosée en femme*, dont La Fontaine avait trouvé l'idée je ne sais où.

> Il l'amadoue, elle le flatte ;
> Il n'y trouve plus rien de chatte
> Et, poussant l'erreur jusqu'au bout
> La croit femme en tout et partout
> Lorsque quelques souris qui rongeaient de la natte
> Troublèrent le plaisir des nouveaux mariés,
> Aussitôt la femme est sur pieds.
> Elle manqua son aventure.
> Souris de revenir, femme d'être en posture, etc.
>
> La Fontaine II, XVIII.

Le cas de Mohammed abd el Hal et de ses semblables n'est, lui, nullement une fable, mais une survivance du culte totémique ancestral, car les gens qui sont *biss* ou *bissa* ont les chats en grande révérence, les aiment *comme leurs pères* (sic) et les protègent autant qu'ils peuvent, pour être, en retour, protégés par eux.

On voit que le passé a laissé encore de profondes traces dans nos populations modernes de la Haute-Egypte.

G. LEGRAIN.

www.ingramcontent.com/pod-product-compliance
Ingram Content Group UK Ltd.
Pitfield, Milton Keynes, MK11 3LW, UK
UKHW032037260826
14628UKWH00007B/3008

9 782012 393776